Georg Zoller · Erkenne die Welt

Georg Zoller

Erkenne die Welt

Gedichte, Aphorismen und Sentenzen

FOUQUÉ PUBLISHERS NEW YORK

Copyright ©2011 by Fouqué Publishers New York
Originally published as *Erkenne die Welt, 2010*
by August von Goethe Literaturverlag

First American Edition
Printed on acid-free paper

Library of Congress Cataloging-in-Publication Data
Zoller, Georg
[Erkenne die Welt / Georg Zoller. German]
1st American ed.

ISBN 978-0-578-09466-3

Den rechten Weg finden

Jesus sprach: „Gehet ein durch die enge Pforte. Denn die Pforte ist weit, und der Weg ist breit, der zur Verdammnis führt, und ihrer sind viele, die darauf wandeln.
Und die Pforte ist eng, und der Weg ist schmal, der zum Leben führt, und wenige sind ihrer, die ihn finden.
Sehet euch vor vor den falschen Propheten, die in Schafskleidern zu euch kommen, inwendig aber sind sie reißende Wölfe.
An ihren Früchten sollt ihr sie erkennen. Kann man auch Trauben lesen von den Dornen oder Feigen von den Disteln?“

Aus dem Evangelium nach Matthäus 7, 13-16, der Bibel nach der deutschen Übersetzung von D. Martin Luther.

Vorwort

Die vorwiegend philosophischen Gedichte, Aphorismen und Sentenzen sind sporadisch und ganz beiläufig beim Nachdenken über Gott und die Welt in den letzten Jahren entstanden.

Dabei bestand der besondere Reiz darin, sich als Autodidakt mit dem hochinteressanten Gebiet der Philosophie zu beschäftigen.

Schließlich gehören das Suchen und Erkennen der Wahrheit zum Edelsten der geistigen Welt der Menschheit.

So erschloß sich eine begeisternde Welt auf dem Weg der Erkenntnis, die zu einer praktischen Befreiung führte.

Rostock, März 2010
Georg Zoller

Teil I

Gedichte

Allgemein

Frühlingssehnsucht

Langsam kann der Frühling kommen,
alle warten schon so sehr,
auf die Zauberkraft der Sonne
und das bunte Blütenmeer.

Heiligendamm

Am weiten Strand der deutschen Bäder,
leuchtet ein Juwel, weiß ein jeder,
gleich einem schimmernden Perlenband,
die weiße Stadt am Meer, stolz und elegant.
Wie bist du reizend anzusehn,
in deinem neuen Glanz,
strahlst wie der helle Morgenstern,
voll nobler Eleganz.

Der Schatten

So sehr ich mich auch strecke,
nach diesem dunklen Fleck,
will ich ihn endlich greifen,
schon ist er wieder weg.

Der Hagestolz

Es ist ihm nicht unangenehm,
wenn die jungen Frauen,
so nach ihm schauen,
und bleiben sogar stehn.

Doch noch viel mehr,
begeistert es ihn so
und macht ihn ganz froh,
wenn sie ihn keß ansehn so sehr.

Da denkt er mit Wehmut
an die schöne, vergangene Zeit,
als er noch jederzeit war bereit,
sie zu beglücken voller Mut.

Gesundheit

Das Gehen

Radfahren ist besser als Gehen,
Liegen ist besser als Stehen.
Was ist denn sonst zu tun,
als Radfahren und Ruhn.

Beweg dich von früh bis spät,
nutze jede Chance, die geht.
Laß Lift und Auto stehen
und freu dich am steten Gehen.

So tust du sehr viel für dich,
bleibst gesund und wirst glücklich.

Radler-Lied

Radelnd die Welt erkunden,
treten die Pedale froh,
haben unser Glück gefunden,
freut euch, jubelt, weiter so.

Der Tänzer

Wohlan, du süße Kleine,
wir wollen fröhlich sein,
bewegen unsere Beine,
bei Sonn- und Mondenschein.

So laß uns beide schweben,
beim Zauber der Musik,
auf allen guten Wegen,
begleitet uns das Glück.

So möcht' ich immer leben,
mit dir zusammen sein,
was kann es schöneres geben,
als dein Tänzer zu sein.

Lebenselixier

Hab Sonne im Herzen
und Zwiebeln im Bauch,
so kannste gut scherzen
und fit biste auch.

Leben

Der Träumer

Es ist mancher betroffen,
der nur träumt und so,
denn Leben heißt leben,
und nicht träumen und so.

Zu spät

Wer nicht will,
wenn er kann,
der will dann,
wenn er nicht
mehr kann.

Das wahre Leben

Das Leben ist die Welt
und nicht das Geld.
Lebe heute ohne Sorgen
und nicht erst morgen.
Sieh in jedem Augenblick
dein ganzes, irdisches Glück.

Heute leben

Nicht in der Vergangenheit,
noch in der Zukunft,
sondern in der Gegenwart,
sollst du leben.

Der Sinn des Lebens

Wer heute nicht lebt,
lebt, doch vergebens,
ist nur das Leben,
der Sinn des Lebens.

Das Leben

Wer nicht will,
der nicht lebt;
wer jedoch will,
der aber lebt.

Glück

Der Glückssucher

Wie find ich bloß das wahre Glück auf Erden,
wer sagt mir wohl, wo ich es finden kann,
so träumt der Mensch seit seinem Werden,
sucht überall und kommt am Ziel nicht an,
so sage mir, was ist dein großes Glücksverlangen,
wenn du es kennst, kannst du es auch erlangen.

Das Glück wartet nicht

Laß dein Irren und deinen Wahn,
steh zu dir und fang endlich an.
Das Leben ist kostbar in jedem Augenblick,
du mußt es nur wollen, das große Glück.

Ansonsten rennt dir die Zeit davon,
warten auf irgendwann bringt keinen Lohn.
Erkenne das Leben in seiner Bahn,
steh zum Glück und fang endlich an.

Liebe

Das Leben und die Liebe

Das Leben ist sehr schön,
du mußt es nur verstehn;
in der richtigen Perspektive,
zu sehn die Alternative.

Das Leben ist sehr schön,
du mußt es nur verstehn;
so im ganzen Menschengetriebe,
steht und fällt alles mit der Liebe

Das Leben ist sehr schön,
du mußt es nur verstehn;
lieben und geliebt zu werden,
ist das höchste Glück auf Erden.

Das Wunder der Liebe

Wie hast du mich verzaubert,
mit deinem holden Blick,
läßt mir nun keine Ruhe,
denn du bist all mein Glück.

Ich wandle wie im Traume
und sehe kaum die Welt,
die gar so viele Wunder,
dem Liebenden entgegenhält.

Das größte aller Wunder,
ist doch die Liebe gar,
sie beflügelt einen jeden,
und ist so wunderbar.

Der Schatz des Lebens

Heute wird gestern, doch was wird morgen,
gerade gegeben und dann wieder borgen.
So geht es den Menschen im Lebenslauf,
einmal bergab und dann wieder bergauf.

Es gibt kein Planen so oder so,
drum nutze die Stunde und sei froh.
Laß es kommen, wie es kommen mag,
und suche das Schöne an jedem Tag.

Besitzt du ein Herz, das für dich schlägt,
was willst du mehr auf dieser Welt.
Die Liebe ist der Schatz des Lebens,
ohne sie lebst du, doch vergebens!

Philosophie

Hin und her

Vorher wird nachher
und nachher wird vorher;
vieles kommt allein daher,
manches nimmt wer.

Weniger ist mehr,
auch sage mir, wer ist wer;
so geht es ständig
hin und her.

Die Frage

Es scheint so,
es war immer so,
warum ist das nur so?
Jeder fragt wieso,
dabei ist es überall genauso,
oder scheint es nur so?

Von allen Fragen,
in unseren Tagen,
ist diese nicht ohne,
so der Vater zum Sohne,
wie ist es nun wirklich?
Denk nach, und sprich!

Nutze die Zeit

Sag liebes Menschenkind,
wann ist es soweit,
zu nutzen die Zeit,
die dir zur Verfügung steht.

Höre den Rat,
wer niemals das tat,
was er sollte,
tat nie, was er wollte.

Wo ist sie hin,
die schöne Zeit,
die jede Sekunde,
für dich verlorenging.

So sei gescheit,
und nutze die Zeit,
es ist soweit,
sie zu nutzen, allezeit.

Das rechte Maß

Es ist schon ein seltsames Spiel,
genug ist besser als zuviel.
Wie ist das nur zu verstehn,
soll ich was geben oder nehm'.
Wer weiß hier wohl Bescheid,
ansonsten tut er mir leid.

Haben

Wer viel haben will,
der muß auch viel geben,
so und nicht anders
ist es im Leben.

Mammon

Wer stets im Ego,
nach dem Mammon strebt,
nie in wahrer Größe,
nur in geistiger Armut lebt.

Alles für alle

Alles für alle,
wie soll das gehn,
wo liegt die Falle,
wer kennt das Problem?

Nicht verzagen – Zukunft wagen

Ach, wie können sie einem leid tun,
weil sie nicht das Rechte tun.
Nur so vor sich hin zu leben,
doch das Wahre liegt daneben.

Rafft euren Sinn und Verstand,
dann seht ihr auch Land.
Nehmt dazu noch die Vernunft,
und euch gehört die Zukunft.

Erkenne die Welt

Lebe das Leben,
achte die Welt,
so ist dir gegeben,
was dir gefällt.

Stehe zu dir
und wanke nicht,
auf dieser Spur
wartet das Licht.

So find'st du
das Wahre überall,
hier, dort und immerzu
und bleibst am Ball.

Erkenne die Welt
und ihren Sinn,
bleib immer fest,
das ist Gewinn.

Das Schöne der Welt – Die Ideale

Alles Schöne dieser Welt
kostet keinen Pfennig Geld,
willst du es besitzen,
mußt du jedoch schwitzen,
möglichst früh aufstehn
und nicht spät zu Bette gehn.

Hinter die Geheimnisse des Lebens,
kommst du mühsam, oft vergebens;
Erkenntnis ist ein einfach Wort,
doch Erkennen, fordert Brennen,
auf der Suche nach der Wahrheit,
nehmen stets den Weg der Klarheit.

Doch auch Ehrlichkeit ist wichtig,
sind doch die Naturgesetze immer richtig;
ach, wie ist es sonderbar im Leben,
Geben ist seliger, denn Nehmen;
Schein ist doch ein Schatten nur,
Sein dagegen, die Sonne pur.

Der Sehende

Es gibt so viel zu sehen
auf dieser schönen Welt,
wohin soll ich denn gehen,
auf daß es mir gefällt.

So fragt' ich viele Tage
und träumt von allerlei,
wer kennt denn diese Frage
und hilft mir wohl dabei.

Wo soll ich ihn denn suchen,
der diese Frage kennt,
nirgends gibt es Spuren,
die weisen auf so'n Talent.

Es gibt auch keine Pläne,
wie soll es auch wohl gehn,
zu sehen all das Schöne
und dazu noch verstehn.

Teil II

Aphorismen, Sentenzen

Die Natur ist im Gegensatz
zum Menschen,
nicht so oder so,
sondern so.

Nur im Einklang mit der Natur,
läßt sich das Leben gut meistern.

Trainiere Geist und Körper echt,
so kannst du beide nutzen recht.

Tue Gutes
und es geht dir gut.

Je mehr einer eilt,
desto weniger Zeit hat er.

Je langsamer einer reist,
desto mehr sieht er.

Wer die Geschichte nicht kennt,
kann die Zukunft nicht meistern.

Wer lügt,
der betrügt auch
immer sich selbst.

Je negativer der Sinn,
desto schlechter die Tat.

Nur wer in die Abgründe
der Menschen schaut,
sieht das ganze Elend.

Wer in der Finsternis wandelt,
dem scheint nicht die Sonne.

Wer sein Glück mit Füßen tritt,
der braucht sich nicht zu wundern,
wenn es ihn schon bald verläßt.

Arroganz und Borniertheit
nützen keinem etwas,
sondern schaden nur.

Je mehr Diplomatie,
desto mehr Unklarheit.

Wer sich über einen Naiven erhebt,
steht in jedem Fall unter diesem.

Wer in der Kleinheit lebt,
dem Großes widerstrebt.

Je niedriger der Anspruch,
desto niedriger das Niveau.

Je mehr einer spart,
desto mehr er verliert.

Lieber gut gelebt,
als gut gespart.

Besser ein armer Reicher,
als ein reicher Armer.

Wer die Menschen kennt,
weiß, was er von ihnen
zu erwarten hat.

Mit einem trüben Blick,
kann keiner klar sehen.

Ein Lichtlein am Horizont
bedeutet noch keine Erkenntnis.

Wo die Weisheit anfängt,
kommen die meisten
nicht mehr mit.

Was der Mensch ist,
ist er durch seine Haltung.

Freiheit ohne Vernunft
ist keine Freiheit.

Nur ein vernünftiger Mensch,
ist auch ein freier Mensch.

Vernunft geht über Verstand.

Nur der Mensch lebt gut,
der sich auch vernünftig verhält.

Darben die Musen,
was bleibt da
für die Kunst?

Das Wahre ist auch
immer das Schöne.

Ideale hin, Ideale her,
ohne das Edle, Wahre, Schöne,
wäre das Leben leer.

Ich bin klug und weise,
doch mich versteht man nicht,
sagt der Philosoph.

Ich sehe, was ich sehe,
weil ich verstehe,
was ich sehe,
sagt der Sehende.

Inhaltsverzeichnis